Books Boxes and Boats
Libros Cajas y Barcos

Books Boxes and Boats
Libros Cajas y Barcos

Introduction

Bay Island Books didn't start out as a Literacy Program. Its sole purpose was to collect 100 books for a small, K-3rd grade school on the Island of Guanaja. Along with Roatan and Utila, they make up the Bay Islands of Honduras. Great ideas, however, can quickly develop lives of their own if you let them. We decided to let it… and the last couple of years have been amazing!! We went on to support all of the schools on Guanaja and help establish Guanaja's first Public Library, but our efforts didn't end there. We quickly branched out to Guanaja's sister Islands of Roatan and Utila. Providing books for schools, libraries, and children's homes has been our focus, but we routinely find new projects to support throughout the Bay Islands. Since May of 2014, we have provided 50,318 books for our Literacy Projects in the Bay Islands. Education is the key to addressing many of the issues that face the Bay Islands and Education begins with Literacy. Books Boxes and Boats tells the story of our Literacy Program so far. From its humble beginning, it has evolved into a feel-good story that resonates from Texas to the Bay Islands of Honduras. Children and adults, both in Honduras and the United States, will enjoy this bilingual story. We all need to be reminded that books are fun and that sharing them with others is even better. We will provide updates as our story unfolds and the scope of Bay Island Books continues to grow.

Intoducción

El programa de Libros para las Islas de la Bahía no empezó como un Programa de Fomento a la Lectura. Su único propósito era reunir 100 libros para los niños de kínder a tercer grado en la Isla de Guanaja, la que junto con Roatán y Utila, forman las Islas de la Bahía de Honduras. Las grandes ideas de cualquier manera pueden tener vida propia si uno las deja. Y eso hicimos… ¡por eso los últimos dos años han sido verdaderamente increíbles! Aceptamos el reto de apoyar a todas las escuelas de Guanaja y establecer su primera biblioteca pública, y nuestros esfuerzos no se quedaron ahí. El proyecto se extendió a las islas hermanas de Roatán y Utila. Así la donación de libros a las escuelas, bibliotecas y a los mismos hogares de los niños ha sido nuestro punto de enfoque y de esta forma continuamos el apoyo a otros proyectos en las Islas de la Bahía. Desde mayo de 2014 hemos logrado conseguir 50,318 libros para los Proyectos de Fomento a la Lectura. La educación es la clave para afrontar muchos de los problemas que afectan las Islas de la Bahía y la educación comienza con la alfabetización. Libros Cajas y Barcos cuenta la historia de nuestro programa de Fomento a la Lectura hasta este momento. Desde su humilde comienzo se ha convertido en una historia excepcional que va desde Tejas hasta las Islas de la Bahía en Honduras. Los niños y los adultos, tanto en Honduras como en los Estados Unidos, disfrutarán esta historia bilingüe. Todos tenemos que recordar que los libros son divertidos y que compartirlos con otros lo es todavía más. Vamos a mantenerlos al tanto según avance nuestro proyecto y la vision de las Islas de la Bahía siga creciendo.

Dedicated to my Children

Sarah, Heather, and James

It was the years of tutoring each of you that helped me to realize the vital role that literacy plays in the development of children. It was your participation on mission teams during your High School and University days that opened my eyes to the need and value of helping others.

Dedicatoria A mis hijos

Fueron los años que pasé ayudándoles a ustedes con sus tareas escolares lo que me ayudó a darme cuenta de la importancia que el fomento a la lectura tiene en el desarrollo de los niños. Fue la participación de ustedes en grupos misioneros, tanto en la preparatoria como en la universidad, lo que me abrió los ojos para entender la necesidad y el valor de ayudar a los demás.

ISBN Number
978-0-9988581-0-4

Published by Bay Island Books
1673 Goldensage Drive
Seguin, Texas 78155
(830) 445-9566
Follow us on Facebook at Bay Island Books

Books are fun. Books have stories to read. Stories help children learn new things. Big people read stories to small children.

Los libros son divertidos. Tienen historias para leer. Las historias les enseñan a los niños cosas nuevas. La gente grande lee historias a los niños pequeños.

Children from Texas love to read books.
Children from Honduras love to read books.
Children from all over the world
love to read books.

A los niños de Tejas les encanta leer libros.
A los niños de Honduras les encanta leer
libros. A los niños de todo el mundo les
encanta leer libros.

The best thing about books is that you can share them with someone else. Children can share their books with other children who need books to read. Sharing is fun. Sharing makes you happy.

Lo mejor de los libros es que los puedes compartir con alguien más. Los niños pueden compartir sus libros con otros niños que necesitan libros para leer. Compartir es divertido. Compartir nos hace felices.

Boxes are used to put things in.
Boxes hold things so that they can be used
later. Boxes can be filled with books.
A box can hold many books.

Las cajas se usan para poner cosas dentro.
Las cajas nos sirven para guardar cosas que
podemos usar más tarde. Las cajas pueden
llenarse de libros. Una caja puede guardar
muchos libros.

Boxes of books can be sent from one country to another. Children who have many books can send boxes of books to children who have no books.
All children need stories to read.

Las cajas de libros pueden ser enviadas de un país a otro. Los niños que tienen muchos libros pueden mandar cajas de libros a los niños que no tienen libros. Todos los niños necesitan historias para leer.

Boats float on the water.
Some boats are small. Some boats are very big. Big boats are called ships. Ships can be loaded with many boxes. Some of these boxes are filled with books.

Los botes flotan en el agua. Algunos botes son pequeños. Algunos botes son muy grandes. Los botes grandes se llaman barcos. Los barcos pueden ser cargados con muchas cajas. Algunas de estas cajas están llenas de libros.

Big boats called ships carry many boxes as they sail across the ocean. Ships can sail on the ocean for many days as they take boxes to countries all over the world. Ships can take boxes of books to children who need stories to read.

Los grandes botes que se llaman barcos cargan muchas cajas cuando navegan a través del océano. Los barcos pueden navegar en el océano por muchos días mientras llevan cajas a muchos países por todo el mundo. Los barcos pueden llevar cajas de libros a los niños que necesitan historias para leer.

Children from Texas know that sharing is fun and makes you happy. They collect books to share with children who live on the islands of Roatan, Guanaja, and Utila. These islands are part of Honduras and are called the Bay Islands of Honduras.

Los niños de Texas saben que compartir es divertido y que los hace felices. Ellos recolectan libros para compartir con los niños que viven en las islas de Roatán, Guanaja y Utila. Estas islas son parte de Honduras y se llaman las Islas de la Bahía de Honduras.

Children from Texas fill up many boxes with books to be shared with the children of Honduras. First, the boxes of books are taken to Houston, Texas. The boxes of books are put on a very big boat called a cargo ship. The boxes of books will go on a trip across the ocean.

BOOKS

BOOKS
ROATAN

10

Houston

Seguin

Los niños de Tejas llenan muchas cajas con libros para ser compartidos con los niños de Honduras. Primero las cajas de libros son llevadas a Houston, Tejas. Las cajas de libros se colocan en un bote muy grande llamado barco de carga. Las cajas de libros van en un viaje a través del océano.

The boxes of books must travel across the ocean from Texas (United States) to the Central American country of Honduras. Children in Honduras will soon have new books with many stories to read. Sharing these books will make children in Texas and Honduras very happy.

Las cajas de libros deben viajar a través del océano desde Tejas (Estados Unidos) hasta Centroamérica al país de Honduras. Los niños en Honduras pronto van a tener nuevos libros con muchas historias para leer. Compartir estos libros hará muy felices a los niños de Tejas y de Honduras.

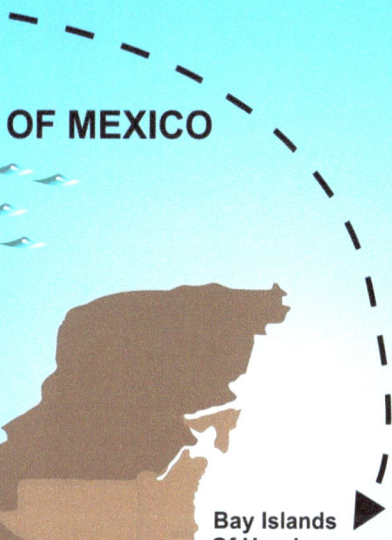

After the cargo ship gets to Honduras, the boxes of books are taken from the very big cargo ship and put onto small boats. Small boats will take the boxes of books on another trip across the ocean.

Después de que el barco de carga llega a Honduras, las cajas de libros se cambian del barco de carga a botes pequeños. Las cajas de libros van a hacer otro viaje en los botes pequeños a través del océano.

Small boats take boxes of books to the Bay Islands of Honduras. Children on the islands of Guanaja, Roatan, and Utila will love their new books. Books help children learn to read and write. Books help children learn about new places.

Los botes pequeños se llevan las cajas de libros a las Islas de la Bahía de Honduras. A los niños en las islas de Guanaja, Roatán y Utila les van a encantar sus nuevos libros. Los libros ayudan a los niños a leer y escribir. Los libros les ayudan a los niños a aprender sobre nuevos lugares.

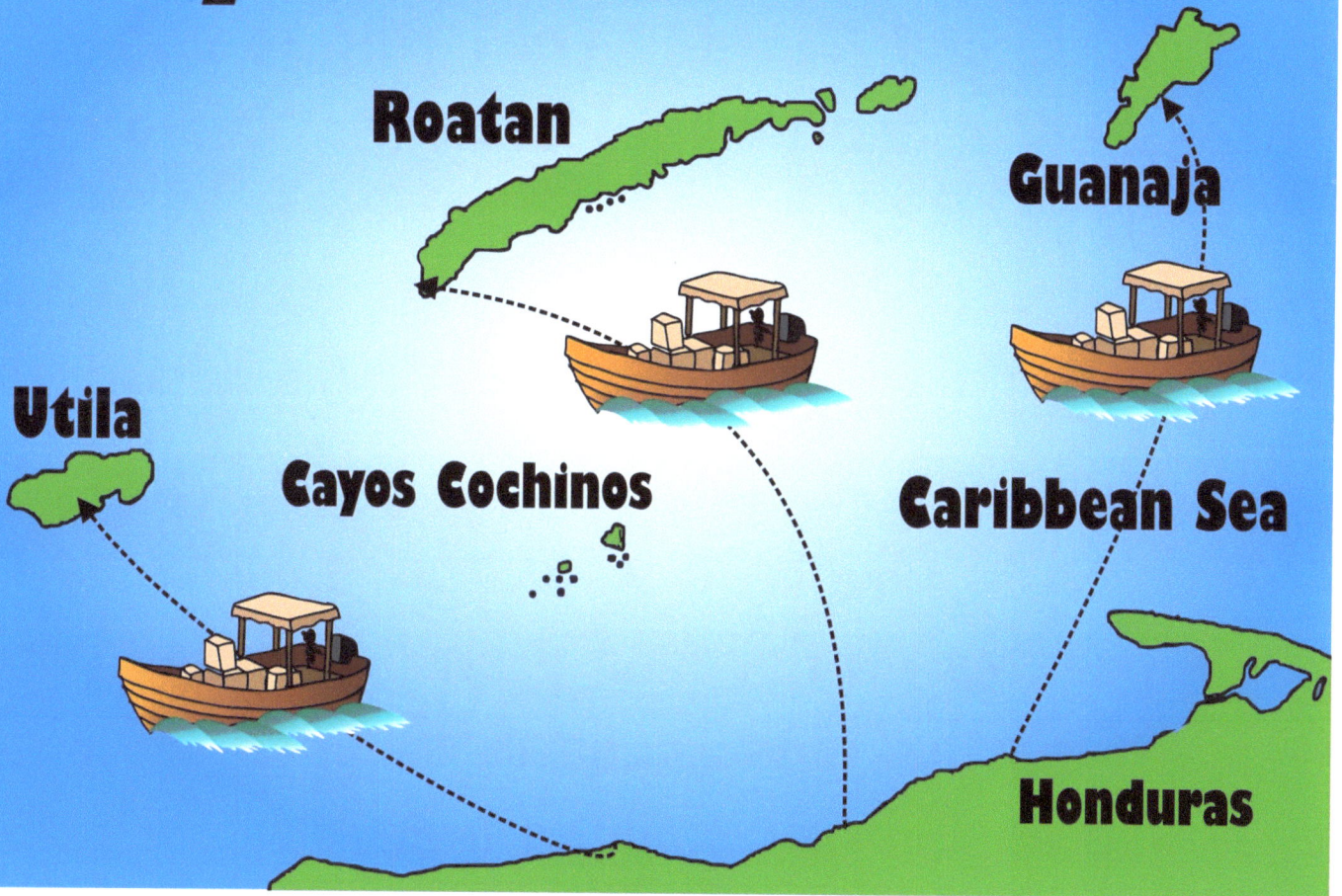

Bay Islands Of Honduras

Roatan

Guanaja

Utila

Cayos Cochinos

Caribbean Sea

Honduras

Boxes of books are taken to schools, libraries, and children's homes all over Utila, Guanaja, and Roatan. They will be put in bookshelves and on tables so that children can pick out books to read.

Las cajas de libros son llevadas a las escuelas, y a los hogares de los niños por todo Utila, Guanaja y Roatán. Los libros serán puestos en libreros y en las mesas para que los niños puedan escoger los que quieran leer.

Roatan Childrens Fund

Children from Texas are happy. They are helping other children have stories to read and books to share. They know that books are fun and that sharing them with others will make them happy.

Los niños de Tejas están felices. Les están ayudando a otros niños a tener historias para leer y libros para compartir. Saben que los libros son divertidos y que compartirlos con otros los hace todavía más felices.

50,318 BOOKS COLLECTED
For Children in Honduras
GUANAJA
BOOKS
ROATAN
UTILA

Children on Roatan, Utila, and Guanaja are happy. They will have boxes of books with many stories to read. They will learn many things from their new books. The children of the Bay Islands will have fun reading books and sharing them with others.

Los niños en Roatán, Utila y Guanaja están felices. Tienen cajas de libros con muchas historias para leer. Van a aprender muchas cosas de sus nuevos libros. Los niños de las Islas de la Bahía se van a divertir leyendo sus libros y compartiéndolos con otros.

BONACCA LIBRARY
AND
LEARNING CENTER

Miss Riksy

MANGROVE BOOKS

PELICAN BOOKS

Books Collected in Texas:
Libros colectados en Tejas:

Seguin, New Braunfels, San Marcos, Kyle, San Antonio, Austin, Round Rock, Georgetown, Luling, Runge, McGregor, Waco, Dallas, Ft. Worth, Houston, Rockport, South Padre Island, Lockhart, Buda, Kingsbury, Geronimo, College Station, Bastrop, Fredericksburg, and Lakeway (plus a few generous donations from Indiana, New York, Minnesota, and North Carolina).

Books Delivered to Guanaja, Roatan, and Utila: Libros entregados en Guanaja, Roatán y Utila:

Bonacca, Mitch, Mangrove Bight, Savannah Bight, Pelican Reef, First Bight, Corozal, Isla Bonita, West End, Sandy Bay, Flowers Bay, Sainte Helene, Los Suenos, Oak Ridge, Brick Bay, Pensacola, Loma Linda, Juticalpa, Jonesville Point, Punta Gorda, Diamond Rock, Politilly, Consolation Bight, Pandy Town, Coxen Hole, Mount Pleasant, French Key, Crawfish Rock, Milton Bight, French Harbour, Santa Maria, Children of Utila, and Mud Hole.

TEXAS

HOUSTON

Bay Islands Of Honduras

Roatan

Guanaja

Caribbean Sea

Utila

Cayos Cochinos

Honduras

About the Author

Steve Holcomb is happy to share his first book, Books Boxes and Boats. Based upon active Literacy Programs in the Bay Islands of Honduras, this bilingual story will be perfect for children everywhere. It promotes Literacy and Education while stressing the importance of helping others. Steve and his wife Patti, live in Seguin, Texas where he works as an Electronic Technician and she as a Registered Nurse. Raising three children of his own, along with the joy of having grandchildren, has helped prepare Steve for his venture into writing books for children.

Acerca del autor

Steve Holcomb tiene el gusto de compartir su primer libro Libros cajas y barcos. Basada en programas activos de Fomento a la Lectura en las Islas de la Bahía de Honduras, esta historia bilingüe es perfecta para niños de todas partes. Promueve la lectura y la educación al mismo tiempo que enfatiza la importancia de ayudar a los demás. Steve y su esposa Patti viven en Seguín, Tejas, donde él trabaja como Técnico Electrónico y ella es enfermera. El criar a tres hijos propios, más la alegría de tener nietos, le ha ayudado a Steve a prepararse para esta aventura de escribir libros para niños.

About the Spanish Translator
Ana María González

Dr. González is from Taxco, Guerrero, Mexico. She is a Spanish and French professor at Texas Lutheran University, where she teaches language, literature and culture. Among her publications, she has an anthology in several volumes of stories of Hispanic immigrants in the USA. Her profession has offered her the opportunity to participate in mission trips to Mexico, Honduras and Peru.

Acerca del traductora al español
Ana María González

La Dra. González es originaria de Taxco, Guerrero, México y trabaja como profesora de español y francés en la Universidad Luterana de Tejas, donde imparte cursos de lengua, literatura y cultura. Cuenta con varias publicaciones, entre las que destaca una antología en varios volúmenes de historias de migrantes hispanos a los Estados Unidos. Su trabajo le ha permitido la dicha de participar en viajes misioneros a México, Honduras y Perú.

www.ingramcontent.com/pod-product-compliance
Lightning Source LLC
Chambersburg PA
CBHW042103040426
42448CB00002B/115